여름에게

김종하

Gallery &

여름에게
@김종하 2022

초판인쇄 2022년 5월 25일

지은이 Author   김종하 Kim Jong Ha (Roki Kim)
펴낸이   김용배

표지디자인   김종하
편집디자인   주해중
펴낸곳   갤러리 엔(Gallery N)
출판등록   2022년 3월 10일 (제2022-000098호)
주소   서울특별시 강남구 도산대로62길 26
연락처   010-6232-4432
e-mail   rokigeneration@gallerynft.co.kr
ISBN 979-11-978849-0-0 (43800)

정가 : 8,000원

여름에게

김종하

차례

여름이 왔다

여름에 풍

여름에 생각

여름에 생각 2

여름의 비

빛

Falling star

엄마

삶

인생에 하나의 원리

My life

Love

사랑이야기

무제 無題

말

그냥

끝과 시작

임규분 할머니

김현문 할아버지

사슴과 새
떠나려 하는 모든 이에게
너무 빨리 크지 마
Como el otoño
시원한 가을 바람
책
노용득 할아버지
어른이 되는 것
그리움의 아수라장
그날의 바람
Je nom est
나의 동무여
발을 나랑 맞춰
밤공기
Sue Jorge
겨울이 온다
겨울아

프롤로그

"여름에게"는 평범한 책이라고 하기는 어렵다. 시집도 아니고, 소설도 아니고, 아트북도 아니다. 굳이 이름을 붙이자면 나의 일기라고 할 수 있다. 나는 이 책을 만들 때, 딱 세 가지를 강조하려고 노력했다. 책의 자유, 작가의 자유, 그리고 읽는 사람의 자유. 자연스럽게 글과 그림이 흐를 수 있게, 작가의 생각과 느낀 감정이 영화처럼 펼쳐질 수 있게, 그리고 차, 커피 한잔에 가볍고 편한 마음으로 사람들이 읽을 수 있게 했다.

책을 만들고 싶다는 생각은 2019년 가을에 처음 한 것 같다. 영어 수업 중에 갑자기 "책을 만들면 좋겠다"라는 생각을 했다. 하지만 생각보다 책을 만드는 것은 고단한 과정이었고 많은 시간의 투자가 필요했다.

"여름에게"가 나오기 전에 두 권의 책을 발표했다. 첫 번째 책은 'A Whale Eater'라는 시집이었고, 두 번째 책은 'Lost Archieves part 1'이라는 포토북이다. 하지만 두 권 다 글도 내용도 많지 않았다. 당연히 책의 글과 내용의 풍부함도 중요하지만, 작가가 표현하고 싶은 걸 자기의 마음대로 표현하는 게 더 중요하다고 생각한다. 처음 낸 책들은 가벼운 마음으로 출간했다. 이번 책은 좀 더 진지하고 나의 마음을 연다는 연습이라고 생각하고 접근했다.

"여름에게"는 2021년 나의 여름에 대한 책이다. 나의 추억들, 생각과 감정을 담은 책이다. 이 책을 만들고 읽으면서 나는 많은 기쁨과 위로를 받았다. 당연히 내가 썼기 때문에 기쁨과 위로가 되었을지도 모른다. 우리가 미래에 혹은 과거에 경험할, 경험한 것들이다. 이 책을 읽으면서 추억을 생각하고, 잊어버렸던 즐거운 기억을 다시 생각했으면 좋겠다.

2 여름

여름이 왔다

한때 하얗던 세상은 금세 수많은 색깔로 덮여 졌다.
풀밭은 더 푸르고, 꽃들은 더 달고, 하늘은 더 맑았다.

사슴들은 푸른 풀을 먹었고,
벌들은 달고단 꽃들을 모았고,
새들은 맑은 하늘을 평화롭게 날았다.

하루는 더 길어지고 밤은 더 짧아졌다.

여름이 왔다.

여름에 풍

반 바지에 반팔, 맨발에 샌들
뜨거운 더위와 식은땀
시원하면서 추운 백화점
아이스크림과 물놀이
수영복과 물안경
썬크림과 까맣게 탄 살

여름에 풍

난 그리울 것 같아
그 여름에 풍

매미들의 소리
할머니 집에서 귤
할아버지의 선풍기
가족과 늦은 산책

나한테는 한국에서만 느낄 수 있는 풍이었다

막히는 강남 거리
땀 차는 지하철
라디오를 들을 수 있는 택시

아빠에 수많은 전화통화
엄마에 수많은 민화

나한테는 한국에서만 느낄 수 있는 풍
여름에 풍이었다

여름에 생각

어떻게 이럴 수 있니,
하루가 금방 지나가
시간아,
잠시 동안만 멈춰줄래
너는 너무 빨리 가는 거 같아
조금만
아주 조금만
천천히 가 주겠니!

(시간이 천천히, 이진아)

여름에 생각 2

여름만 오면, 여행을 갔다.
가족이랑도 가고, 친구들이랑도 가고, 혼자도 갔다.
여름만 오면 꼭 생각나는 곳들이 있다.

태국.

태국에 있었을 때는 모든 게 간단했다.
아침에 엄마 아빠와 산을 넘으면서 학교를 가고.
집에 와서 아빠랑 축구를 하고, 엄마의 맛있는 음식을 먹었다.

할머니 할아버지가 오면, 코끼리를 타고
따뜻한 물에 발을 담그고, 계란을 깨 먹었다.

참, 모두 어렸다
참, 간단한 시절이었다.

미국.

미국은 나를 더 단단하고 더 자신있는 사람으로 만들었다.
이 모든 일 들을 나 혼자 경험해야 했다.
엄마 아빠와 떨어져 있는 게 너무 힘들었고
새로운 친구들을 만나는 것도 힘들었고
미국에 있는 그 자체가 힘들었다.
하지만 혼자 경험을 해서
더 많은 생각을 할 수 있었고 더 클 수 있었고
이것들 때문에 나는 오늘에 내가 될 수 있었다.

새로움을 두려워하지 말고
장애물을 뚫고 가라

유럽

아빠 때문에 유럽 여행을 많이 갔다.
미술과 뮤지컬,
역사에 잠긴 건물들,
역사에 떠다니는 길거리들.

역사와 미래가 담겨 있는 곳이었다

지금은 그 기억들을 보면 좀 짠하다.
짠하면서 달콤한 향이 난다.

여름의 비

날씨가 좋고 해가 맑은 날에 비가 온다.
조금씩, 약하게, 뚝뚝 떨어진다.
습한 공기는 없어지고
나는 한숨을 쉰다.

한걸음, 한걸음, 나는 걷는다
편의점을 스치고, 고깃집을 스치고, 옷집도 스쳐 간다.
나의 머리는 조금씩 젖고, 나의 구두도 조금씩 젖는다.

이렇게 여름비가 나의 머리와 구두를 물로 적시는 것처럼
나의 마음도 적신다.

내가 품고 있던 상처들
여름에 비는 나의 상처들을 들어준다.
들어주고 소독해준다.

그리고 그 많은 빗방울이 바다를 만들고

바다는 파도를 만들고

그 파도는 나의 상처들을 가져간다

빛

이 세상은 수많은 종류의 빛이 있다
뜨거운 해의 빛
차가운 달의 빛
별들의 미래, 현재, 과거의 빛
우리는 그 수많은 종류의 빛들 밑에서 산다

우리는 어쩔 때는 해처럼 뜨겁고
어쩔 때는 달처럼 차갑다
그리고 가끔 하늘에 있는 별들처럼
미래에 있으면서, 현재에 있고, 현재에 있으며, 과거에 있다

그 수많은 빛들처럼 우리도 빛이 난다
그 빛으로 또 빛들이 생기고,
뜨겁던, 차갑던,
미래에 있던, 현재에 있던, 과거에 있던,
그 빛은
영원히 빛날 것이다

Falling star

A light so swift and elegant. A white spark in the middle with blue highlights breaking and dodging through all the other stars stuck in the dark night.

3 생

엄마

엄마,
벌써 정신없이 달려왔어
앞만 보고 달려왔어
그 작고, 마른 한국 아이가
이제는 꿈을 잡으려고 뛰어가고 있어
하지만 많이 어려웠어
어른이 되어가는 과정이
혼자 있는 과정이

근데 엄마,
그 작고, 마른 한국 아이는 포기하지 않아
이를 꽉 물고, 주먹을 꾹 쥐고,
다시 달려갈 거야

삶

살다 살다, 궁금했다.
왜 살아있을까?
삶에 의미는 뭘까?
삶에 답은 뭘까?
이 질문들에 답을 찾으려고 했다.

사막길을 걷듯이, 나는 끝도 없는 모래를 밟고 걸었다.
어디가 시작이고 어디가 끝인지 몰랐다.
그래서 계속 걸었다.

해가 쨍쨍해도, 비가 쏟아져도, 모래바람이 불어도, 나는 걸었다.
하지만 걸어도, 걸어도, 답은 보이지 않았다.
시작한 그 모래에서 한 발자국도 못 갔다.

그 순간 생각이 들었다.

내가 답이 없는 질문을 보고 있었나?

우리의 존재 우리의 의미, 우리의 답
그 질문들에 답은 없었다

그래서인지
삶은 참
간단하면서 복잡하고
의미가 있으면서 없고
존재하면서 존재하지 않는 것 같다

그게 삶에
답이자, 우리의 자유지 않을까?

인생에 하나의 원리

찾으면 없고, 안 찾으면 있다
원하면 없고, 원하지 않으면 있다

뭐지?

인생에 답이 없어도 의미는 있을 것이다
올거면 자연스럽게 온다
당연히 노력과 반복이 있어야 하지만 올 건 온다

바람이 부는 것 처럼
차갑고, 뜨거운 바람이 떠나는 것처럼

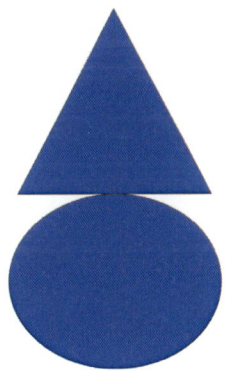

My life

At the center of my life, between the music notes, between the frames, and between every breath lies a profound sense of melancholy and nostalgia.

My life

내 삶의 중심에는 깊으면서 근소한 우울함과 향수가 조금씩 흐른다

Love

I love you for sentimental reasons

("I love you for sentimental reasons" Nat Cole King)

You only live once but once is enough if you find the right person

(A Rainy Day in New York, Shannon)

Love

난 네가 이유 없이 좋아

("I love you for sentimental reasons" Nat Cole King)

인간은 딱 한 번 살지만, 맞는 사람을 찾으면 그 한번은 충분해

(A Rainy Day in New York, Shannon)

사랑이야기

비 오면, 작은 투명한 우산을 들고 걸었다.
걸으면서 장난도 치고, 얘기도 하고, 고민도 털었다.
걸을 때 나는 그녀만 쳐다봤다.
그녀에 행동, 말투, 표정, 습관들, 다
그녀는 나에 다 였다.

무제 無題

나의 모든 웃음에는 작은 눈물이 고인다

말

말은 그 정신입니다

(이극로 박사)

그냥

시련은 있어도

실패는 없는 것이다

(고 정주영 회장)

4 중간

끝과 시작

항상 끝은 시작이 있고, 시작은 끝이 있다.
시작했던 거 같으면 벌써 끝이 나고.
끝났다 하면 새로운 시작이 시작한다.

생각해보면 우리에 매일 매일도 끝과 시작에 반복이다.

새로운 하루를 시작하고,
새로운 사람들을 만나고,
새로운 음식도 먹는다.

그 하루는 끝나고,
사람들끼리 연락도 끊고,
먹고 있던 음식도 끝낸다.

끝과 시작은 붙어있다.

林圭分(임규분) 할머니

林 (숲이 많다는 의미의 수풀 임)

圭 (신비한, 귀한 구슬이라는 의미의 홀 규)

分 (여러 사람과 나눈다는 의미의 나눌 분)

金現文(김현문) 할아버지

(김을 쓰는 가족은 모두 金 한자를 사용)
(나타나다 라는 의미가 있는 나타날 현)
(글을 의미하는 문)

金現文 글을 잘 쓰는 능숙한 사람이 나타나다

사슴과 새

사람으로 사는 건 어땠느냐?

너무 좋았습니다. 사랑으로 어머니 아버지가 키워주셨고, 그 사랑으로 딸과 아들을 키웠습니다. 제 딸은 참 아름다웠습니다. 아들은 참 말썽둥이였죠. 참 어릴 때부터 말랐어요, 제 손자랑 똑같아요.

많이 보고 싶겠구나
그렇죠,
하늘에서도 보고있지만 곁에 있고 싶습니다.

그럼, 자네에게 새로운 삶을 주지. 사슴에 삶.

예?

그녀는 다시 눈을 뜨자, 하늘이 아닌 지구의 땅에 있었다.
사슴의 모습으로.

사슴은 걸었다.

풀밭을 너머, 산을 너머, 바다를 너머.

그리고

드디어 도착했다

사랑하는 사람 곁으로

사람의 삶을 사는 건 어땠느냐?

좋았습니다. 어릴 때부터 많은 기쁨과 행복을 뺏기긴 했지만. 시간이 지날수록 그 행복은 저한테 다시 왔습니다. 가족도 만들고, 애들도 키우고, 손자 손녀도 생기고. 다시 보고 싶기도 하고 제가 여전에 못했던, 그냥 곁에 있고 싶어요.

그럼, 새로 다시 태어나는 건 어떠냐?

좋습니다.

그는 다시 눈을 뜨자, 하늘이 아닌 지구에 땅에 있었다.
새의 모습으로

새는 날았다. 풀밭을 너머, 산을 너머, 바다를 너머.

그리고
드디어 도착했다
사랑하는 사람 곁으로.
죽은 이들은 다시 지구에 돌아온다.

어떤 모습으로 오던
다시 돌아온다.

할머니는 아주 힘들고 아픈 죽음을 겪었다. 그래서 할아버지를 기다리며 많이 쉬었다. 책도 읽고, 굴도 먹고, 할아버지 생각나서 메로나도 먹었다.

할아버지도 힘들게 돌아가셨다. 그래서 할머니를 만나고 같이 있었다. 같이 산책도 하고, 초코파이도 먹고, 손을 잡으며 하늘에서 가족을 지켜봤다.

시간이 좀 지나자 둘은 다시 돌아가기로 마음을 먹었다.
다시 우리 사람들이 사는 곳으로
할머니는 사슴으로, 할아버지는 새로,

사슴과 새는 다른 모습이지만, 같은 염원으로 산다.

사랑하는 사람들을 지켜보면서.

사랑하는 사람들 곁에 있으면서

떠나려 하는 모든 이에게

너무 빨리 크지 마

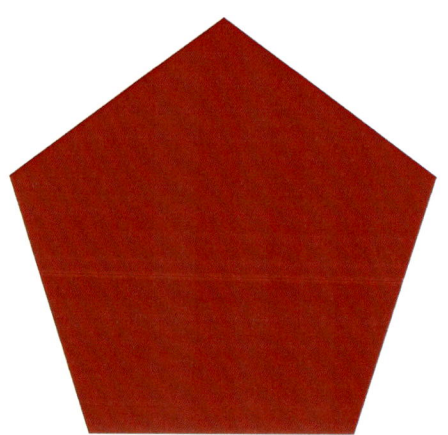

Como el otoño

esperaba y esperaba

para que usted venga

esperaba y esperaba

pero nunca viniste

esperaba por invierno

esperaba por primavera

esperaba por verano

nunca venia

pero cuando las hojas de otoño comenzaron a caer

cuando los árboles se volvieron rojos

usted vino como una brisa

Como el otoño

기다리고 기다렸다
네가 오기를
기다리고 기다렸다
너를 다시 보게 될 날을
겨울이 지나도
봄이 지나도
여름이 지나도

넌 보이지 않았다

하지만

나뭇잎이 땅에 떨어지며
나뭇잎이 빨갛게 칠해지며
너는 시원한 가을바람처럼 왔다

시원한 가을 바람

해가 지면서, 오늘 하루도 진다
한때 뜨거웠던 열기는 사라지고, 시원한 가을바람이 분다
가을바람이 불자 나무에 앉아 있는 나뭇잎은
여름의 더위 때문인지 빨게진다

식물들은 추운지 땅을 이불처럼 덮고
동물들은 배고픈지 사냥을 시작한다
우리의 삶도 자연처럼 자연스럽게 변했다

사람들은 더 따뜻하게 입고
그 쌀쌀하고 추운 바람 사이에 따뜻하면서 아늑한 사랑이 생겼다

하지만

여름에 뜨거웠던 사랑은 쌀쌀하게, 추운 바람 때문에 식었다

가을은 참 쓰면서 달콤한 계절이다

5 자연

책

난, 한장 한장 넘긴다.
나의 책을

난, 문장 문장 읽는다
나의 책을

나의 책은 냄새가 난다

나무 냄새면서도, 커피에 향도 난다

난 책상에 앉아 있다
일어나 책과 침대로 향한다

난 눕는다

그리고 책을 다시 읽는다

까만 잉크를 따라서,

글자를 따라서,

문장을 따라서,

페이지를 따라서

나의 눈은 왼쪽에서 오른쪽으로 간다

그리고 반복한다

나의 몸은 천천히 가벼워진다

나의 숨도 가벼워진다

나의 눈도 가벼워진다

따뜻한 빛이 책에 드리운다

시원한 바람이 살짝 분다

나는 책을 읽고 있다

그리고

천천히

나는 눈을 감는다

노용득 할아버지

종하야 지금은 태평양을 가로질러 미국으로 날아가고 있겠구나.
한숨 푹 자거라.
종하 사랑한다.

어른이 되는 것

어른이 되는 게 두려워

책임을 진다는 게 무거워

애를 벗어나야 한다는 게 싫어

난 평생을 어른이 되기를 기다렸어

하지만

못하겠어

엄마 아빠의 평생 장난꾸러기로 남고 싶어

그리움의 아수라장

침대에 누우면
다리를 펴면
눈을 감으면

집에 향이 난다.

그리움이 내 몸을 따뜻하게 감싸고
내 가슴을 태운다.

눈을 감을 때 나는 깊은 바다로 잠긴다

기억들은 물에 비치고
감정들은 물을 색칠한다.

나는

수영을 못한다

그럼으로

그 깊은 물에 익사한다

그날의 바람

그날의 바람, 남혜승, 박상희

Je nom est

Je nom est l'été

J'aime la plage

Je suis la plage

Je suis les vagues qui dérivent

Je suis le reflet du clair de lune

Je suis la nuit

Et la lumière du soleil

Je suis ton été

My name is

My name is summer

I love the beach

I am the beach

I am the waves that drift

I am the reflection of the moonlight

I am the night

And the sunlight

I am your summer

나의 동무여

나의 동무여, 남혜승, 박상희

발을 나랑 맞춰

난 너의 발이 나의 발과 맞췄으면 좋겠어.

지금까지는 우리가 다른 길을 왔지만
지금부터는 같은 길을 같이 걷고 싶어

네가 원하면 천천히 걸을 수도 있고
네가 원하면 빨리 뛸 수도 있어

하지만 시간이 오면
혼자 걸어야 될 수도 있어
그래도 걱정하지마
내가 빨리 너에 손을 다시 잡고
우리는 같이 다시 발 맞추면서
꽃길을 걸을거야.

6 겨울

Sue Jorge

Sue Jorge-Team Zissou

겨울이 온다

나는 한숨을 쉰다. 내 한숨에서 입김이 난다.
오늘 밤은 춥다.

나는 택시를 기다리면서 까만 하늘을 본다
눈이 차근차근 내려온다

차갑고, 하얀 눈은 나의 코에 가볍게 앉는다
녹는다, 내 코에

금세 까만 하늘은 하얀 점들로 차인다.

내가 처음 한국에 온 기억처럼
나는 다시, 그 1초라도, 아니 그 0.1 초라도,
아니 그저 그 순간이더라도
나의 어린 순진한 마음과
어린 기쁨을 다시 살 수 있다.

겨울아

에필로그

여름이 지나자 잔잔한 바람이 분다.
따뜻한 향기로운 풍경은 사라지고
노래 부르던 새들은 우리를 떠난다.

우리에 볼은 토마토처럼 빨개지고
우리에 세상은 색깔을 이른다.

겨울아

네가 왔구나

추천사

1. 당돌한 소년 김종하 군을 만나다

당돌한 소년 김종하 군을 만난 것은 2년 전이다. 군은, 필자의 박사과정 문하생인 아버지 김용배 대표와 함께 을지로 3가 오래된 2층 건물의 내 집필실에 찾아왔고, 한 묶음의 출판원고를 가지고 왔다. 그 나이쯤의 소년들이 꿈꾸는 생각과 전혀 다른 생각. 그 소년의 생각에 일견 당황했다.

그 소년에게 나는 몇 년 전 안양예술고등학교 사진과 2학년이던 조카와 함께 제주도를 여행하며 함께 만든 시와 사진이 결합한 시집 한 권을 서명하여 전해주었다.

김군처럼 내 조카는 아버지와 함께 독일 베를린에서 유치원과 영국계 국제학교를 다니다 귀국했고 독일어와 영어를 제1외국어처럼 사용하는 소년이었는데, 생뚱맞게 사진작가가 되겠다고 결정하고, 꿈을 키우고 있었으므로 열흘간 제주도 올레길을 함께 걸으며 작품을 만들었다. 그 꿈을 외삼촌과 함께하기로 했다는 말을 김종하군에게 전하며. 그가 가져온 원고를 넘겨보았다. 내가 김군의 원고에서 발견한 것은 그가 대학을 진학하기 위해 문학을 전공하겠다는 생각을 하는 것이 아니라는 명백한 사실이었다.

경우는 다르지만, 어느 시절 나는 시인이 되겠다고 마음먹은 13살짜리 중학생에게 개인 레슨을 한 적이 있다. 시간이 지나 그 소년은, 2014년 한국일보 신춘문예의 시 부문에 당선을 했고

"별 하나 뜨지 않은 새벽에 조용한 방안에서 전화를 끊고 난 뒤는, 담담하다 못해 암담했습니다. 베란다에 가끔 기타만한 갈매기가 앉아 한참을 울다갑니다. 밤길에는 라쿤들이 구석에 모여 자기 그림자를 빛냅니다. 시로 아직 옮기지 못하는 많은 것들을 캐나다에서도 봅니다. 앞으로 더 많은 것들에게 말 걸어보겠습니다. 어릴 때부터 나쁜 역할은 정말 하고 싶지 않았습니다. 나빠서 주목받느니 착하게 뒤에 숨고 싶었습니다. 그래서 자주 착한 척하며 살았습니다. 하지만 앞으로는 나에게만 나쁜 역할을 주어볼까 합니다. 착한 척, 거짓으로 사는 걸 가만두지 않겠습니다. 운이 좋았습니다. 고마운 분들이 너무 많습니다. 못난 저에게 많은 걸 알려주신 김용범 선생님, 이윤학선생님, 홍우계 선생님, 윤한로 선생님, 조동범 선생님, 박주택 선생님 정말 감사합니다"

라고 당선 소감을 썼고, 내가 교직은 은퇴하기 전에 한양대학교 문화콘텐츠학과대학원에 입학했다. 나는 이것이 나의 문하를 거쳐 간 소년들에 대한 기억이다.

그들이 소년 시절 꾸었던 꿈은 시간이 흐르자 스스로 제 갈 길을 찾아내 사진작가가 되거나 시인이 된 것이다. 김종하군을 돌려보내고 나는 문득 페터 한트케의 시가 떠올랐다.

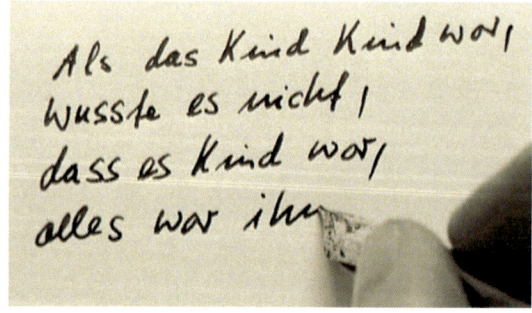

1987년 감독인 빔 벤더스가 감독하고 빔 벤더스와 페터 한트케가 공동으로 각본을 쓴 《베를린 천사의 시》(Der Himmel ber Berlin. Wings of Desire). 영화가 시작되면 몽블랑 만년필로 적어나가는 한트케의 시 (Song of Childhood. Lied Vom Kindsein)의 이미지가 오랫동안 나의 생각에 머물러 있었다.

Song of Childhood

When the child was a child
It walked with its arms swinging,
wanted the brook to be a river,
the river to be a torrent,
and this puddle to be the sea.

When the child was a child,
it didn't know that it was a child,
everything was soulful,
and all souls were one.

When the child was a child,
it had no opinion about anything,
had no habits,

it often sat cross-legged,

took off running,

had a cowlick in its hair,

and made no faces when photographed.

 When the child was a child,

It was the time for these questions:

Why am I me, and why not you?

Why am I here, and why not there?

When did time begin, and where does space end?

Is life under the sun not just a dream?

Is what I see and hear and smell

not just an illusion of a world before the world?

Given the facts of evil and people.

does evil really exist?

How can it be that I, who I am,

didn't exist before I came to be,

and that, someday, I, who I am,

will no longer be who I am?

When the child was a child,

It choked on spinach, on peas, on rice pudding,

and on steamed cauliflower,

and eats all of those now, and not just because it has to.

When the child was a child,

it awoke once in a strange bed,

and now does so again and again.

Many people, then, seemed beautiful,

and now only a few do, by sheer luck.

It had visualized a clear image of Paradise,

and now can at most guess,

could not conceive of nothingness,

and shudders today at the thought.

When the child was a child,

It played with enthusiasm,

and, now, has just as much excitement as then,

but only when it concerns its work.

When the child was a child,

It was enough for it to eat an apple, … bread,

And so it is even now.

When the child was a child,

Berries filled its hand as only berries do,

and do even now,

Fresh walnuts made its tongue raw,

and do even now,

it had, on every mountaintop,

the longing for a higher mountain yet,

and in every city,

the longing for an even greater city,

and that is still so,

It reached for cherries in topmost branches of trees

with an elation it still has today,

has a shyness in front of strangers,

and has that even now.

It awaited the first snow,

And waits that way even now.

When the child was a child,

It threw a stick like a lance against a tree,

And it quivers there still today

아이가 아이였을 때

팔을 휘두르며 다녔다.
실개천이 강이길 바랬고
그 강이 빠른 물살을 이루고

이 웅덩이가 바다이길 바랬다.

아이가 아이였을 때

자신이 아이였음을 알지 못했다.

모든 것엔 생기가 충만하였고,

모든 생명은 하나로 통하였다.

아이가 아이였을 때

생각은 정해져있질 않았고

생각없이 하는 행동도 없었다.

책상다리를 하고 앉았고, 성큼성큼 뛰었고,

머리결은 제 맘대로였고

사진을 찍을 때 표정을 짓지 않았다.

아이가 아이였을 때

이런 질문들을 하곤 하였다.

왜 나는 나인가, 그리고 네가 아닌가?

왜 나는 여기 있고, 저기 있지 않은가?

시간은 언제 시작되었고, 공간의 끝은 어디인가?

삶이란 한갓 꿈은 아닌가?

내가 보고 듣고 맛보는 모든 것은

이 세상 이전에 존재하는 세상에 대한 환영에 불과한 것은 아닌가?

악은 정말 있는건가,

그리고 정말로 악한 사람도 있는건가?

도대체 지금의 나는 생겨나기 전 정말 없었던 것일까,
그리고 지금의 나는 언젠가 더 이상 내가 아닐 것인가?

아이가 아이였을때
시금치, 콩, 쌀로 만든 푸딩,
그리고 삶은 양배추는 언제나 먹기 힘들어했다.
그걸 다 먹지도 않았을 뿐더러
반드시 먹어야했기 때문에 그랬던 것만도 아니었다.

아이가 아이였을 때
낯선 잠자리에서 잠을 깬 적이 한번 있지만
지금은 여러 번 그렇게 잠을 깬다.
그땐 많은 사람들이 아름다워 보였지만
지금은 잘 봐줘도 그 숫자가 몇 안된다.
그땐 낙원에 대한 생생한 느낌이 있었지만
지금은 막연한 추측만 남아있다.
그땐 허무함이란 생각조차 할 수 없었지만
지금은 생각만 해도 몸이 떨린다.

아이가 아이였을 때
놀 때는 정말 좋아서 놀았지만
지금은
일을 할 때만 그때와 같은 즐거움을 느낀다.

아이가 아이였을 때

산딸기는 늘상 손위로 떨어져 내렸고

지금도 여전히 그렇다.

막 여물은 호두를 먹으며 입이 얼얼했는데

지금도 여전히 그렇다.

산봉우리에 올라서 언제나

더 높은 봉우리를 갈망했고

도시에 가서는 언제나

더 큰 도시를 갈망했었다.

그리고 지금도 여전히 그렇다.

버찌를 따러 나무 꼭대기를

씩씩하게 올랐는데,

지금도 그 느낌은 여전하다.

낯선 사람을 보면 수줍어했는데

지금도 여전히 그렇다.

언제나 첫눈을 기다렸고,

지금도 여전히 그렇게 첫눈을 기다린다.

아이가 아이였을 때

창을 던지듯 막대기 하나를 나무에 던졌고,

그 막대기는 오늘도 여전히 그 곳에 걸려있다

아이가 아이였을 때

팔을 휘두르며 다녔다.

실개천이 강이길 바랬고

그 강이 빠른 물살을 이루고

이 웅덩이가 바다이길 바랬다.

아이가 아이였을때

자신이 아이였음을 알지 못했다.

모든 것엔 생기가 충만하였고,

모든 생명은 하나로 통하였다.

아이가 아이였을 때

생각은 정해져있질 않았고

생각없이 하는 행동도 없었다.

책상다리를 하고 앉았고, 성큼성큼 뛰었고,

머리결은 제 맘대로였고

사진을 찍을 때 표정을 짓지 않았다.

아이가 아이였을 때

이런 질문들을 하곤 하였다.

왜 나는 나인가, 그리고 네가 아닌가?

왜 나는 여기 있고, 저기 있지 않은가?

시간은 언제 시작되었고, 공간의 끝은 어디인가?

삶이란 한갓 꿈은 아닌가?

내가 보고 듣고 맛보는 모든 것은

이 세상 이전에 존재하는 세상에 대한 환영에 불과한 것은 아닌가?

악은 정말 있는건가,

그리고 정말로 악한 사람도 있는건가?

도대체 지금의 나는 생겨나기 전 정말 없었던 것일까,

그리고 지금의 나는 언젠가 더 이상 내가 아닐 것인가?

아이가 아이였을때

시금치, 콩, 쌀로 만든 푸딩,

그리고 삶은 양배추는 언제나 먹기 힘들어했다.

그걸 다 먹지도 않았을 뿐더러

반드시 먹어야했기 때문에 그랬던 것만도 아니었다.

아이가 아이였을 때

낯선 잠자리에서 잠을 깬 적이 한번 있지만

지금은 여러 번 그렇게 잠을 깬다.

그땐 많은 사람들이 아름다워 보였지만

지금은 잘 봐줘도 그 숫자가 몇 안된다.

그땐 낙원에 대한 생생한 느낌이 있었지만

지금은 막연한 추측만 남아있다.

그땐 허무함이란 생각조차 할 수 없었지만

지금은 생각만 해도 몸이 떨린다.

아이가 아이였을 때

놀 때는 정말 좋아서 놀았지만

지금은

일을 할 때만 그때와 같은 즐거움을 느낀다.

아이가 아이였을 때

산딸기는 늘상 손위로 떨어져 내렸고

지금도 여전히 그렇다.

막 여문 호두를 먹으며 입이 얼얼했는데

지금도 여전히 그렇다.

산봉우리에 올라서 언제나

더 높은 봉우리를 갈망했고

도시에 가서는 언제나

더 큰 도시를 갈망했었다.

그리고 지금도 여전히 그렇다.

버찌를 따러 나무 꼭대기를

씩씩하게 올랐는데,

지금도 그 느낌은 여전하다.

낯선 사람을 보면 수줍어했는데

지금도 여전히 그렇다.

언제나 첫눈을 기다렸고,

지금도 여전히 그렇게 첫눈을 기다린다.

아이가 아이였을 때

창을 던지듯 막대기 하나를 나무에 던졌고,

그 막대기는 오늘도 여전히 그 곳에 걸려있다

2. 창조적 상상력의 미립자운동

필자는 지금 김종하군이 내 테이블에 놓고 간 한 권 분량의 원고를 펴놓고 있다. 그 글을 읽으며 나는 그가 문학적 성취를 위해 작업을 하고 있음이 아님을 새삼스럽게 다시 생각을 하고 있다.

그의 글 속에 감추어져 있는 창조적 상상력을 바라보고 있는 것이다. 상상은 인간 의식의 가장 기본적인 기능이다. 상상의 기본적인 의미는 '어떤 이미지(image)를 머릿속에서 표상 (representation) 하는 것' 이다. 인간은 자신의 감각기관으로 들어오는 외부의 정보를 어떠한 특정한 이미지로 만들어 그 정보를 처리하는데 필요한 인간의 능력이 바로 상상력이다.

그러므로 외부의 세계가 마음속에서 다시 현전하는 것이 표상(repraesentation)이라 한다. 가장 넓은 의미에서 상상력은 이러한 표상력의 일종으로서, 이미지를 내적으로 현전시키는 힘이다. 문학을 꿈꾸는 이들은 글은 현실의 세계가 아니라 가능한 세계들을 표상하거나 불가능한 세계라도 충분히 있을 법하게 그려낸다.

그리하여 실재하는 대상이 없는 가운데도 상상력은 가공의 대상을 만들어낸다. 문학에서는 이러한 상상력을 허구의 능력이며, 허구는 오직 상상 속에서만 존재하는 대상이고, 문학 또는 예술 활동을 창

의적이라 말하는 것은 허구를 만들어내는 예술가의 능력을 말한다. 그들은 상상력이 이미지를 변형하여 자의적으로 꾸며내는 것이다. 상상력의 가장 기본적인 역할은 구체적인 이미지를 머릿속에 떠올리는 것인데 이것을 '재현적 상상력' 혹은 '재생적 상상력'이라고 한다. '지각 대상의 이미지를 머릿속에 떠올리는 힘' 이러한 재현적 상상력은 모든 사고의 기반을 조성하는 것으로서, 인간의 추상능력과 개념화 능력의 기반이 된다. 재현적 상상력은 이미지의 연상(association)과 깊은 관련이 있다. 가령 어떤 꽃향기를 맡고 눈앞에 존재하지 않는 꽃밭을 떠올린다든지 음악을 듣고 그 음악을 처음 들었던 때의 분위기를 동시에 떠올리게 하는 것이 바로 재현적 상상력이다. 김종하 군의 글은 이같은 문학적 창작 의도로 쓰여진 것이 아니라는 점이다.

오히려 그가 작동시키고 있는 상상은 언어를 통한 사고의 미립자 운동 같은 것이다. 과학에서 소위 브라운 운동(Brownian motion)이라 말하는 이 운동의 법칙은 1827년 스코틀랜드 식물학자 로버트 브라운(Robert Brown)이 발견한, 액체나 기체 속에서 미소입자들이 불규칙하게 운동하는 현상을 말하는데 열 운동이라고도 불리는 브라운 운동은 꽃가루가 물에 떠서 끊임없이 움직이는 것과 같은 불규칙한 운동을 뜻한다. 바람과 같은 외부의 힘이 전혀 작용하지 않았는데도 꽃가루가 물 위에서 이리저리 움직이고 있는 것이었다.

필자가 바라보는 이러한 시각은 적어도 그의 글이 어떤 틀에 얽매어있지 않다는 것을 뜻한다. 기승전결이거나. '발단 → 전개 → 위기 → 절정 → 결말'의 5단계 구성의 틀을 가지고 있지 않으며 그가 언어로 표현한 오브제들이 불규칙하게 상호 작용을 하고 있다는 것을 말한다. 논리 틀에 갇혀 있지 않음으로써 오히려 더 많은 이야기를 생산하고 있다는 말이다. 김군의 상상은 그런 의미로 본다면 논리적 질서가 없어 보이지만, 앞으로 그는 지금의 생각에 어떠한 질서를 부여하게 될 것이다. 마치 현대 통계 물리학의 난제 중 하나였던 이 이론을 바탕으로 프랑스의 루이 바슐리에(Louis Bachelier)가 1900년에 《투기이론》에서 금융시장의 가격변동을 브라운 운동으로 모형화하여 주식 가격이 무작위적인 양만큼 상승하거나 하락하는 것을 규명했고, 1950년대 미국의 경제학자 폴 새뮤얼슨(Paul Samuelson)이 바실리에의 이론을 수정해서 기하 브라운 운동(Geometric Brownian motion)을 만들어내어 시장을 움직이는 규칙을 찾기 위해 브라운 운동이 설명 도구로 쓰이고 있듯, 누구의 도움도 없이 자신의 힘으로 어떤 질서를 만들어 낼 것이다. 이것이 맹랑한 소년의 창조적 상상력에 거는 기대이다.

3. 소통과 담론을 유도하는 도형적 이미지와 다국어 언어기술

김종하 군의 글에서 필자가 주목하는 또 하나는 도형적 이미지이다. 그것들은 소위 유추가 가능한 픽토그램(pictogram)과는 달리 생텍쥐페리의 어린왕자에서 '코끼리를 삼킨 보아뱀'의 그림처럼 설명을 듣지 않으면 도저히 유추해 내지 못할 도형들이 곳곳에 장치되어 있다. 소위 앰비규티(ambiguity)를 내포한다. 문학적 용어로써 애매성과 모호성으로서의 앰비규티가 아니라 다의성의 앰비규티이다.

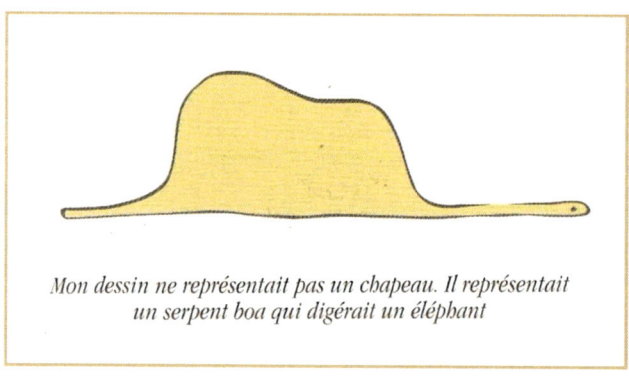

Mon dessin ne représentait pas un chapeau. Il représentait un serpent boa qui digérait un éléphant

이는 글을 읽는 상대에게 다음과 같은 대화를 유도해낼 것이다.

"이 그림은 무엇을 의미하지?"

그러면 당연히 대화는 그림의 설명이나 작의(作意) 해석으로 이어지게 되는 동기 유발을 촉발할 것이다. 소통(Communication, Mutual Understanding)의 연결고리가 만들어지는 것이다. 그림 뿐 아니라 그의 글은 한글과 영어 스페인어로 표현되고 있다.

만일 그의 글을 읽는 친구가 한국인이 아니라면 오히려 한글은 소통의 도구가 아닌 도형적 의미일 수 있으며, 한국친구들에게 영어가 아닌 스페인어 역시 번역의 도움을 받아야 할 것이다. 이것이 바로 김군이 의도했던 아니면 의도하지 않았던 간에 이 책이 가지는 소통의 도구로서의 효용일지 모른다. 김군은 정확하게 ISBN(International Standard Book Number) 박힌 자신의 책에 서명을 해서 친구들에게 건네줄 것이고, 그들은 이름 한 줄이 고작인 명함이 아니라 저자의 서명이 적힌 책을 받고 그것을 읽을 것이다. 그리고 이 책의 내용은 그가 살아왔고 현재 살고 있는, 장소성(placeidentity)'을 기반으로 하고 있다. 한 사회 집단의 집단성 유지의 계기는 그 구성원들이 공유하는 장소 관련 기억(memory of places and places of memory)'이다 이곳의 각각에는 아우라, 장소의 혼(genius loci), 장소의 정신(sprite of place) 등으로 설명되는 힘을 가지고 있다. 김군은 책을 전해주는 친구에게 친절하게 그곳에 스며 있는 이야기를 전해 줄 것이다. 그것을 공유함으로써 그는 공감대를 형성해 갈 것이다.

김종하 군이 필자를 찾아와 책을 만들고 싶다 했을 때, 소년의 당돌한 생각에 동의했고 격려했다. 인간의 기억은 자연스럽게 망각된다. 이러한 기억의 망각과 소멸을 막기 위해 오래전부터 기억은 '매체(media)'에 저장되어 왔다. 매체는 기억을 저장하며, 동시에 기억을 전달하고 전승하는 역할을 담당해왔다. 매체 연구학자들은 매체의 변천을 말-문자-활자(인쇄)-전자·대중매체로 꼽는다. 그가 만든 책의 의미는 어느 시절 자신의 기억을 책이란 매체에 담은 것이다. 이것은 김군이 획득한 소중한 자산이다.

마지막으로, 필자를 포함한 대부분의 어른들은 소년들을 만나 격려할 때 윌리엄 스미스 클라크(William Smith Clark)의 말을 인용하며 소년이여 야망을 가져라고 말한다. 그러나 그것은 대단히 추상적인 말이다. 그 뒤는 다음과 같이 이어진다. "Boys, be ambitious! Be ambitious not for money or for selfish aggrandizement, not for that evanescent thing which men call fame. Be ambitious for the attainment of all that a man ought to be."(소년이여, 야

망을 가져라. 돈을 위해서도 말고 이기적인 성취를 위해서도 말고, 사람들이 명성이라 부르는 덧없는 것을 위해서도 말고 단지 인간이 갖추어야 할 모든 것을 얻기 위해서.) ●

김용범(시인, 한양대학교 문화콘텐츠학과 대우교수)